Stürmer | Verletzung | Beleidigung | Fachbegriff | Snack | Punkte

Stadt Land Schuss

Das Spielebuch mit 60 neuen Kategorien rund um den Fußball

riva

★ ANLEITUNG ★

Du magst Stadt-Land-Fluss, aber dein Allgemeinwissen beschränkt sich eigentlich auf Fußball? Dann bist du hier definitiv richtig!

★ GRUNDREGELN

Ein Spieler ruft laut »A« und zählt im Kopf weiter das Alphabet durch. Ein anderer ruft nach beliebig langer Zeit (einigt euch hier vielleicht darauf, dass alles ab 5 Minuten aufwärts nicht mehr »beliebig lang«, sondern »zu lang« ist) »Stopp!« Mit dem Buchstaben, bei dem der erste Spieler in diesem Moment angelangt ist, wird eine Runde lang gespielt.

Sobald der gewählte Buchstabe laut ausgesprochen wird, beginnt die Runde. Jeder Spieler versucht nun, seine Felder zu vervollständigen – wer die Reihe als Erstes voll hat, ruft »Stopp!« und alle müssen sofort aufhören zu schreiben (das aktuell begonnene Wort darf noch zu Ende geschrieben werden).

Nun beginnt die Punktevergabe.

★ PUNKTE

20 Punkte: Niemand außer dir hat etwas in dem betreffenden Kästchen stehen

10 Punkte: Auch mindestens ein anderer Mitspieler hat das Kästchen befüllt, aber du bist der Einzige mit deinem Begriff.

5 Punkte: Auch mindestens ein anderer Mitspieler hat den gleichen Begriff gefunden wie du.

0 Punkte: Du konntest keinen Begriff finden.

★ SONDERREGELN

Die rote Karte: Kann einmal pro Spieler und pro Blatt verwendet werden. Einem Mitspieler deiner Wahl werden die erspielten Punkte der gerade abgeschlossenen Runde wieder abgezogen.

Schwalbenkönig: Du darfst einem Spieler deiner Wahl einmal pro Blatt einen Begriff klauen, und kassierst dessen Punkte. Der beklaute Spieler geht leer aus.

Verlängerung: Einmal pro Blatt pro Spieler geht es in die Verlängerung. Hierbei wird derselbe Buchstabe noch einmal gespielt, allerdings müssen die Begriffe komplett neu sein. Die vorher erspielten Punkte verfallen.

Elfmeterschießen: Haben zwei Spieler am Ende die exakt gleiche Punktzahl, geht es in das Elfmeterschießen. Hierbei gibt ein dritter Spieler Buchstaben und Kategorien vor. Wer zuerst drei richtige Antworten geben konnte, gewinnt. Bei nur zwei Spielern werden zuerst drei Kategorien vereinbart, und dann werden wie gewohnt drei Buchstaben zwischen A-Z gespielt.

Bullshit-Bingo: Jeder Mitspieler schreibt zu Beginn fünf Begriffe auf, von denen er denkt, dass sie im Verlauf des Spiels aufgeschrieben werden.Kommt einer dieser Begriffe tatsächlich vor, gibt das 30 Extrapunkte pro Begriff.

Sammel(karten)wut: Hierbei bekommt der Spieler mit dem längsten (gültigen) Wort pro Runde fünf Extrapunkte, derjenige mit dem kürzesten fünf Minuspunkte.

Vereinsfeier: Stadt-Land-Schuss ist natürlich auch ein ganz hervorragendes Trinkspiel. Wann und wie viel ihr trinkt, könnt ihr beliebig variieren, hier ein paar Vorschläge:

- ★ Für jedes komplett leere Kästchen gibt es einen Schnaps.
- ★ Der Spieler mit den wenigsten Punkten pro Runde muss trinken.
- ★ Derjenige, der eine diskussionswürdige Antwort gibt, trinkt einen Strafschnaps.

★ SCHWIERIGKEITSGRAD

An jeder Kategorie findet ihr eine völlig objektive Schwierigkeitsangabe. Diese reicht von einem Stern (Ersatzbank) bis hin zu 5 Sternen (Champions League) für die Superbrains unter euch.

★ ... ÜBRIGENS

Einigt euch bitte im Vorfeld, wie streng ihr bei der Punktevergabe vorgehen wollt. Von »muss im Duden stehen und einstimmig akzeptiert werden« bis hin zu »Hauptsache, da steht irgendwas und es ist witzig« ist alles erlaubt – ihr solltet nur wissen, worauf ihr euch jeweils einlasst, damit am Ende keiner weint.

Stadt Land Schuss

Bundesligaverein	Verteidiger	Mittelfeldspieler	Stürmer	Trainer	Stadion	Punkte

BUNDESTRAINER

Gesamt: ....

Bundesliga

Bundesligaverein	Verteidiger	Mittelfeldspieler	Stürmer	Trainer	Stadion	Punkte

Gesamt: ....

BUNDESTRAINER

Bundesliga

Bundesligaverein	Verteidiger	Mittelfeldspieler	Stürmer	Trainer	Stadion	Punkte

Gesamt: ....

BUNDESTRAINER

Bundesliga

Bundesligaverein	Verteidiger	Mittelfeldspieler	Stürmer	Trainer	Stadion	Punkte

BUNDESTRAINER

Gesamt: ....

Bundesliga

Bundesligaverein	Verteidiger	Mittelfeldspieler	Stürmer	Trainer	Stadion	Punkte

Gesamt: ....

BUNDESTRAINER

Bundesliga

Bundesligaverein	Verteidiger	Mittelfeldspieler	Stürmer	Trainer	Stadion	Punkte

BUNDESTRAINER

Gesamt: ....

Bundesliga

EM-Teilnehmer (Land)	Europäischer Club	Europäischer Spieler (aktiv)	Europäische Spielerlegende	Trainer Europa	Fachbegriff	Punkte

MAILAND ODER MADRID – HAUPTSACHE EUROPA

Gesamt: ....

Regionalliga

EM-Teilnehmer (Land)	Europäischer Club	Europäischer Spieler (aktiv)	Europäische Spielerlegende	Trainer Europa	Fachbegriff	Punkte

MAILAND ODER MADRID – HAUPTSACHE EUROPA

Gesamt: ....

Regionalliga

EM-Teilnehmer (Land)	Europäischer Club	Europäischer Spieler (aktiv)	Europäische Spielerlegende	Trainer Europa	Fachbegriff	Punkte

MAILAND ODER MADRID – HAUPTSACHE EUROPA

Gesamt: ....

Regionalliga

EM-Teilnehmer (Land)	Europäischer Club	Europäischer Spieler (aktiv)	Europäische Spielerlegende	Trainer Europa	Fachbegriff	Punkte

MAILAND ODER MADRID – HAUPTSACHE EUROPA

Gesamt: ....

Regionalliga

EM-Teilnehmer (Land)	Europäischer Club	Europäischer Spieler (aktiv)	Europäische Spielerlegende	Trainer Europa	Fachbegriff	Punkte

MAILAND ODER MADRID – HAUPTSACHE EUROPA

Gesamt: ....

Regionalliga

EM-Teilnehmer (Land)	Europäischer Club	Europäischer Spieler (aktiv)	Europäische Spielerlegende	Trainer Europa	Fachbegriff	Punkte

MAILAND ODER MADRID – HAUPTSACHE EUROPA

Gesamt: ....

Regionalliga

Sponsor	Grund für Rote Karte	Findet man im TV-Studio	Meister / Pokalsieger	Sportreporter/-in	Darauf kann man Autogramme geben	Punkte

EXPERTENRUNDE

Gesamt: ....

Champions League

Sponsor	Grund für Rote Karte	Findet man im TV-Studio	Meister / Pokalsieger	Sportreporter/-in	Darauf kann man Autogramme geben	Punkte

EXPERTENRUNDE

Champions League

Gesamt: ....

Sponsor	Grund für Rote Karte	Findet man im TV-Studio	Meister / Pokalsieger	Sportreporter/-in	Darauf kann man Autogramme geben	Punkte

EXPERTENRUNDE

Gesamt: ....

Champions League

Sponsor	Grund für Rote Karte	Findet man im TV-Studio	Meister / Pokalsieger	Sportreporter/-in	Darauf kann man Autogramme geben	Punkte

EXPERTENRUNDE

Gesamt: ....

Champions League

Sponsor	Grund für Rote Karte	Findet man im TV-Studio	Meister / Pokalsieger	Sportreporter/-in	Darauf kann man Autogramme geben	Punkte

Gesamt: ....

EXPERTENRUNDE

Champions League

Sponsor	Grund für Rote Karte	Findet man im TV-Studio	Meister / Pokalsieger	Sportreporter/-in	Darauf kann man Autogramme geben	Punkte

EXPERTENRUNDE

Gesamt: ....

Champions League

WM-Teilnehmer (Land)	Internationaler Klub	Ist rasengrün	Snack	Sitzgelegenheit	Beruf rund um den Fußball	Punkte

SOFAABEND

Gesamt: ....

Ersatzbank

WM-Teilnehmer (Land)	Internationaler Klub	Ist rasengrün	Snack	Sitzgelegenheit	Beruf rund um den Fußball	Punkte

Gesamt: ....

SOFAABEND

Ersatzbank

WM-Teilnehmer (Land)	Internationaler Klub	Ist rasengrün	Snack	Sitzgelegenheit	Beruf rund um den Fußball	Punkte

SOFAABEND

Gesamt: ....

Ersatzbank

WM-Teilnehmer (Land)	Internationaler Klub	Ist rasengrün	Snack	Sitzgelegenheit	Beruf rund um den Fußball	Punkte

Gesamt: ....

SOFAABEND

Ersatzbank

WM-Teilnehmer (Land)	Internationaler Klub	Ist rasengrün	Snack	Sitzgelegenheit	Beruf rund um den Fußball	Punkte

Gesamt: ....

SOFAABEND

Ersatzbank

WM-Teilnehmer (Land)	Internationaler Klub	Ist rasengrün	Snack	Sitzgelegenheit	Beruf rund um den Fußball	Punkte

SOFAABEND

Gesamt: ....

Ersatzbank

Schimpfwort für Gegner	Biersorte	Daraus kann man Schnaps machen	Umliegende Ortschaft	Verletzung	Verein, der nie in der 1. Bundesliga war	Punkte

Gesamt: ....

KREISLIGIST

Regionalliga

Schimpfwort für Gegner	Biersorte	Daraus kann man Schnaps machen	Umliegende Ortschaft	Verletzung	Verein, der nie in der 1. Bundesliga war	Punkte

KREISLIGIST

Gesamt: ....

Regionalliga

Schimpfwort für Gegner	Biersorte	Daraus kann man Schnaps machen	Umliegende Ortschaft	Verletzung	Verein, der nie in der 1. Bundesliga war	Punkte

Gesamt: ....

KREISLIGIST

Regionalliga

Schimpfwort für Gegner	Biersorte	Daraus kann man Schnaps machen	Umliegende Ortschaft	Verletzung	Verein, der nie in der 1. Bundesliga war	Punkte

KREISLIGIST

Regionalliga

Gesamt: ....

Schimpfwort für Gegner	Biersorte	Daraus kann man Schnaps machen	Umliegende Ortschaft	Verletzung	Verein, der nie in der 1. Bundesliga war	Punkte

Gesamt: ....

KREISLIGIST

Regionalliga

Schimpfwort für Gegner	Biersorte	Daraus kann man Schnaps machen	Umliegende Ortschaft	Verletzung	Verein, der nie in der 1. Bundesliga war	Punkte

KREISLIGIST

Gesamt: ....

Regionalliga

Macht man in der Halbzeitpause	Getränk	Versteck für Pyro	Beleidigung	Kann man gut werfen	Grund für Spielabbruch	Punkte

Gesamt: ....

ULTRA

Kreisliga

Macht man in der Halbzeitpause	Getränk	Versteck für Pyro	Beleidigung	Kann man gut werfen	Grund für Spielabbruch	Punkte

Gesamt: ....

ULTRA

Kreisliga

Macht man in der Halbzeitpause	Getränk	Versteck für Pyro	Beleidigung	Kann man gut werfen	Grund für Spielabbruch	Punkte

Gesamt: ....

ULTRA

Kreisliga

Macht man in der Halbzeitpause	Getränk	Versteck für Pyro	Beleidigung	Kann man gut werfen	Grund für Spielabbruch	Punkte

Gesamt: ....

ULTRA

Kreisliga

Macht man in der Halbzeitpause	Getränk	Versteck für Pyro	Beleidigung	Kann man gut werfen	Grund für Spielabbruch	Punkte

Gesamt: ....

ULTRA

Kreisliga

Macht man in der Halbzeitpause	Getränk	Versteck für Pyro	Beleidigung	Kann man gut werfen	Grund für Spielabbruch	Punkte

Gesamt: ....

ULTRA

Kreisliga

Hübscher Spieler	Andere Sportart	Kann man samstags tun, statt Fußball zu schauen	Stimmungssong	Kann man bei einer WM in Nationalfarben anmalen	Sportstar, kein Fußballer	Punkte

Gesamt: ....

FUSSBALLMUFFEL

Kreisliga

Hübscher Spieler	Andere Sportart	Kann man samstags tun, statt Fußball zu schauen	Stimmungssong	Kann man bei einer WM in Nationalfarben anmalen	Sportstar, kein Fußballer	Punkte

FUSSBALLMUFFEL

Gesamt: ....

Kreisliga

Hübscher Spieler	Andere Sportart	Kann man samstags tun, statt Fußball zu schauen	Stimmungssong	Kann man bei einer WM in Nationalfarben anmalen	Sportstar, kein Fußballer	Punkte

FUSSBALLMUFFEL

Gesamt: ....

Kreisliga

Hübscher Spieler	Andere Sportart	Kann man samstags tun, statt Fußball zu schauen	Stimmungssong	Kann man bei einer WM in Nationalfarben anmalen	Sportstar, kein Fußballer	Punkte

FUSSBALLMUFFEL

Kreisliga

Gesamt: ....

Hübscher Spieler	Andere Sportart	Kann man samstags tun, statt Fußball zu schauen	Stimmungssong	Kann man bei einer WM in Nationalfarben anmalen	Sportstar, kein Fußballer	Punkte

FUSSBALLMUFFEL

Gesamt: ....

Kreisliga

Hübscher Spieler	Andere Sportart	Kann man samstags tun, statt Fußball zu schauen	Stimmungssong	Kann man bei einer WM in Nationalfarben anmalen	Sportstar, kein Fußballer	Punkte

FUSSBALLMUFFEL

Kreisliga

Gesamt: ....

Stadion-Snack	Daraus kann man einen Ball machen	Tattoomotiv	Trikotfarbe	Da kann man Fußball gucken	Findet man im Stadion	Punkte

GELEGENHEITSFAN

Gesamt: ....

Regionalliga

Stadion-Snack	Daraus kann man einen Ball machen	Tattoomotiv	Trikotfarbe	Da kann man Fußball gucken	Findet man im Stadion	Punkte

GELEGENHEITSFAN

Regionalliga

Gesamt: ....

Stadion-Snack	Daraus kann man einen Ball machen	Tattoomotiv	Trikotfarbe	Da kann man Fußball gucken	Findet man im Stadion	Punkte

Gesamt: ....

GELEGENHEITSFAN

Regionalliga

Stadion-Snack	Daraus kann man einen Ball machen	Tattoomotiv	Trikotfarbe	Da kann man Fußball gucken	Findet man im Stadion	Punkte

Gesamt: ....

GELEGENHEITSFAN

Regionalliga

Stadion-Snack	Daraus kann man einen Ball machen	Tattoomotiv	Trikotfarbe	Da kann man Fußball gucken	Findet man im Stadion	Punkte

GELEGENHEITSFAN

Regionalliga

Gesamt: ....

Stadion-Snack	Daraus kann man einen Ball machen	Tattoomotiv	Trikotfarbe	Da kann man Fußball gucken	Findet man im Stadion	Punkte

GELEGENHEITSFAN

Gesamt: ....

Regionalliga

Synonym »Ball«	Schimpfwort	Trick/Technik	Synonym »Niederlage«	Großer Sprücheklopfer	Bezeichnung für Schiedsrichter	Punkte

PHRASENSCHWEIN

Gesamt: ....

Bundesliga

Synonym »Ball«	Schimpfwort	Trick/Technik	Synonym »Niederlage«	Großer Sprücheklopfer	Bezeichnung für Schiedsrichter	Punkte

Gesamt: ....

PHRASENSCHWEIN

Bundesliga

Synonym »Ball«	Schimpfwort	Trick/Technik	Synonym »Niederlage«	Großer Sprücheklopfer	Bezeichnung für Schiedsrichter	Punkte

PHRASENSCHWEIN

Gesamt: ....

Bundesliga

Synonym »Ball«	Schimpfwort	Trick/Technik	Synonym »Niederlage«	Großer Sprücheklopfer	Bezeichnung für Schiedsrichter	Punkte

PHRASENSCHWEIN

Bundesliga

Gesamt: ....

Synonym »Ball«	Schimpfwort	Trick/Technik	Synonym »Niederlage«	Großer Sprücheklopfer	Bezeichnung für Schiedsrichter	Punkte

PHRASENSCHWEIN

Gesamt: ....

Bundesliga

Synonym »Ball«	Schimpfwort	Trick/Technik	Synonym »Niederlage«	Großer Sprücheklopfer	Bezeichnung für Schiedsrichter	Punkte

PHRASENSCHWEIN

Gesamt: ....

Bundesliga

Ausrüster	Fair-Play-Geste	Deutscher Spieler im Ausland	Spitzname Mannschaft	Brasilianer	Aufwärmübung	Punkte

NATIONS LEAGUE

Gesamt: ....

Champions League

Ausrüster	Fair-Play-Geste	Deutscher Spieler im Ausland	Spitzname Mannschaft	Brasilianer	Aufwärmübung	Punkte

NATIONS LEAGUE

Gesamt: ....

Champions League

Ausrüster	Fair-Play-Geste	Deutscher Spieler im Ausland	Spitzname Mannschaft	Brasilianer	Aufwärmübung	Punkte

NATIONS LEAGUE

Gesamt: ....

Champions League

Ausrüster	Fair-Play-Geste	Deutscher Spieler im Ausland	Spitzname Mannschaft	Brasilianer	Aufwärmübung	Punkte

NATIONS LEAGUE

Gesamt: ....

Champions League

Ausrüster	Fair-Play-Geste	Deutscher Spieler im Ausland	Spitzname Mannschaft	Brasilianer	Aufwärmübung	Punkte

NATIONS LEAGUE

Gesamt:

Champions League

Ausrüster	Fair-Play-Geste	Deutscher Spieler im Ausland	Spitzname Mannschaft	Brasilianer	Aufwärmübung	Punkte

NATIONS LEAGUE

Champions League

Gesamt: ....

Bibliografische Information der Deutschen Nationalbibliothek
Die Deutsche Nationalbibliothek verzeichnet diese Publikation in der Deutschen Nationalbibliografie.
Detaillierte bibliografische Daten sind im Internet über https://dnb.de abrufbar.

Für Fragen und Anregungen
info@rivaverlag.de

Wichtiger Hinweis
Ausschließlich zum Zweck der besseren Lesbarkeit wurde auf eine genderspezifische Schreibweise sowie eine Mehrfachbezeichnung verzichtet. Alle personenbezogenen Bezeichnungen sind somit geschlechtsneutral zu verstehen.

Originalausgabe
8 Auflage 2023

Türkenstraße 89
80799 München
Tel.: 089 651285-0
Fax: 089 652096

Autor: Nicolai Napolski
Umschlaggestaltung, Layout & Satz: Isabella Dorsch
Umschlagabbildung: Shutterstock.com/A-spring, KrizzDaPaul
Abbildungen Innenteil: Shutterstock.com/A-spring, KrizzDaPaul, Catz, Rvector, Pixel Pro Studio
Druck: Florjancic Tisk d.o.o., Slowenien
Printed in the EU

Wir produzieren nachhaltig
www.m-vg.de

ISBN Print 978-3-7423-1076-7

Weitere Informationen zum Verlag finden Sie unter
www.rivaverlag.de
Beachten Sie auch unsere weiteren Verlage unter www.m-vg.de